Ralf Thenior
Schröder, du dummer Hund!

Ralf Thenior

SCHRÖDER,
du dummer Hund!

Mit Bildern von
Hans-Jürgen Feldhaus

Ravensburger Buchverlag

Die Deutsche Bibliothek – CIP-Einheitsaufnahme

Schröder, du dummer Hund! / Ralf Thenior.
Mit Bildern von Hans-Jürgen Feldhaus. –
Ravensburg: Ravensburger Buchverl., 1998
   ISBN 3-473-34353-6

Die Schreibweise entspricht den Regeln der neuen Rechtschreibung.

3 2 1   99 98 97

© 1998 Ravensburger Buchverlag für Text und Illustrationen
Konzeption: Aktion Subere Sach'!
Umschlagillustration: Hans-Jürgen Feldhaus
Redaktion: Carola Henke
Gesamtherstellung: Ebner Ulm
Printed in Germany

ISBN 3-473-34353-6

Inhalt

MEINE TRAURIGKEITS-ANFÄLLE

Die Sonne war hinter den Schuppendächern verschwunden. Ein eisiger Wind kam auf. Mir war kalt. Ich hatte Hunger. Ich stand am Hafenbecken und starrte in das grüne Wasser.

Ich hatte wieder einen meiner Anfälle.

Immer wenn ich meine Anfälle kriege, bin ich nicht ansprechbar. Dann muss ich los, egal wohin. Und viel denken. Meine Mutter sagt, ich bin ein Rumtreiber. Aber das stimmt nicht. Ich mach es ja nicht aus Spaß, ich muss es tun. Einfach gehen und denken.

Das ist nicht dauernd so. Meine Anfälle kriege ich immer nur, wenn irgendwas passiert ist. Also, wenn ich Probleme habe.

Diese Geschichte hängt mit meinen letzten drei Anfällen zusammen. Zwischen dem ersten und dem zweiten liegen ein paar Wochen, zwischen dem zweiten und dem dritten ein paar Monate.

Den ersten Anfall bekam ich, als ich einen

Freund verlor. Den zweiten bekam ich, weil ich mich einsam fühlte. Und den dritten, weil ich einen Freund gefunden hatte.

Das hört sich ziemlich kompliziert an. Ist es auch.

Ich will versuchen, es von Anfang an zu erzählen.

Mein Freund Jonas war eigentlich ganz okay. Aber er hatte einen Fehler: Er war jähzornig. Das merkte ich nicht gleich, als wir uns kennen lernten. Wir haben oft zusammen gespielt. Manchmal, wenn Jonas am Verlieren war, hat er das ganze Spiel umgekippt. Daran hatte ich mich gewöhnt.

Aber Jonas war auch neidisch. Er machte alles mies. Wenn einer etwas besaß, das Jonas nicht hatte, dann war es nur: blöde, bescheuert, Dreck, Krempel, Mist, Scheiße und was ihm sonst noch so einfiel. Auf jeden Fall: Müll.

Einmal warf er einen Ziegelstein gegen das nagelneue Fahrrad eines Klassenkameraden. Nur so. Weil er sauer war, dass einer ein tolles Fahrrad hatte. Es war nicht das erste Mal. Schon öfter hatte er Sachen kaputtgehauen. Er flog aus der Schule. Konnte gleich nach Hause gehen. Seine Eltern sollten zum Direktor kommen.

Wir trafen uns am Nachmittag desselben Tages. Ich sagte zu ihm, dass es mir Leid tut, dass er von der Schule geflogen ist. Aber dass er auch Mist gebaut hat. Da kriegte er einen Tobsuchtsanfall, schrie mich an, riss meine Ronni-Kassette aus dem Rekorder und zertrampelte sie vor meinen Augen.

Er wusste, was Ronni mir bedeutet.

Da habe ich zu ihm gesagt, er soll gehen und nie wiederkommen. Jonas hat nichts gesagt und ist gegangen.

Meinen Eltern habe ich von Jonas' Jähzorn nichts erzählt. Sie haben zwar mitgekriegt, dass Jonas etwas komisch war. Aber was dahinter steckte, habe ich ihnen nicht erzählt. Hab nur gesagt, wir hätten uns gestritten. Und dass wir keine Freunde mehr sind.

8

„Hast du dir das auch gut überlegt?", fragte meine Mutter.
„Hab ich", sagte ich.

Danach hab ich meinen ersten Anfall gekriegt. Ich wollte keinen Menschen sehen. Bin nur rumgelaufen. Und hab nicht kapiert, was mit Jonas los war. Es hat wehgetan. Nicht nur wegen der Kassette. Einem Freund was kaputtmachen, das ist einfach mies. Das ist keine Freundschaft!

Und er wusste, was Ronni mir bedeutet.

Die nächste Zeit bin ich kaum rausgegangen. Saß in meinem Zimmer und hab viel gelesen. Das ging so ein paar Wochen ganz gut. Ich war viel mit Ronni unterwegs. Aber irgendwann hat es das dann auch nicht mehr gebracht. Ich fühlte mich einsam. Rannte nach der Schule wieder los. Ganze Nachmittage.

Lief durch die Stadt. Trödelte durch Parks und Fußgängerzonen. Landete im Industriegebiet am Hafen.

Ich hatte niemanden. Stand am Hafenbecken. Starrte ins Wasser.

Aber ich hatte einen Bärenhunger. Ich musste an meine Eltern denken. Sie waren bestimmt sauer, dass ich nach der Schule nicht nach Hause gekommen war.

Ein scharfer Wind zog an den Schuppenwänden entlang. Das Wasser im Hafenbecken kräuselte sich. Es sah eiskalt aus.

Ich ging nach Hause.

RONNI, DER STERNEN-SPRINGER

„Wo warst du, du elender Rumtreiber!", schimpfte meine Mutter, als ich in die Tür kam. Sie stand im Flur, als hätte sie auf mich gewartet. „Warum hast du nicht angerufen? Wir haben uns Sorgen gemacht. Ich will wissen, wo du bist!"

„Tut mir Leid. Hab nicht gemerkt, wie spät es ist."

„Wo warst du?"

Die Fesseln schneiden ins Fleisch. Ronni, der Sternenspringer, steht vor dem intergalaktischen Komitee. Zwölf Weise aus zwölf Galaxien. Verschrumpelte Gesichter. Stechende Augen. Sie klagen ihn des Verrats an. Weil er den Kontakt zum Mutterschiff nicht gehalten hat.

„Wo du warst, will ich wissen!"

Ich zuckte mit den Schultern. „Überall."

„Wir sind beim Abendbrot", sagte meine

Mutter kühl. Und verschwand in die Küche. Ich stieß meine Zimmertür auf, warf meinen Rucksack aufs Bett und ging in die Höhle des Löwen.

Mein Vater saß am Abendbrottisch. Mein Vater ist Vertreter. Er musste gerade gekommen sein, denn er hatte noch seine Krawatte um.

„Hallo", sagte ich.

„Warum hast du nicht angerufen?", fragte mein Vater.

„Das wäre ja wohl das Mindeste", sagte meine Mutter. „Soll ich dir die Suppe warm machen?"

Ich setzte mich an den Tisch. An meinen Platz auf der Bank. Goss mir Tee ein. Gab einen ordentlichen Schuss Milch in die Tasse und legte einen Löffel Honig zu. „Hm."

Ich schmierte mir ein Brot. Ich hatte einen Bärenhunger.

„Wir werden dir so einen Pieper kaufen", sagte mein Vater und grinste. „Dann können wir dich immer anpiepen. Und du musst zurückpiepen."

„Das will ich nicht!"

Nun grinste mein Vater nicht mehr.

„Das wirst du aber müssen! Wenn du es nicht mal fertig bringst, nach der Schule nach Hause zu kommen und deiner Mutter zu sagen, wo du hingehst!"

Nach dem Abendbrot verzog ich mich in mein Zimmer. Dicke Luft. Musste mal sehen, was eigentlich mit Ronni los war.

Vor dem Einschlafen und manchmal auch am Tage erzählte ich mir Geschichten von Ronni, dem Sternenspringer.

Ronni flitzt mit seinem Weltraumgleiter von Stern zu Stern und trifft auf fremde Wesen und so. Kämpft mit Riesen und Robotern. Bis jetzt hat er immer gewonnen.

Ronni ist zehn Jahre alt. So groß wie ich. Hat meine Haarfarbe. Und wenn ich morgens beim Zähneputzen in den Spiegel gucke, dann sehe ich Ronni im Cockpit.

Manchmal spreche ich auch direkt auf Kassette. Nehme Kontakt mit dem Mutterschiff auf. Oder halte eine Ansprache ans Weltall.

Eine von diesen Kassetten hat Jonas kaputtgetreten.

Dummerweise hab ich Jonas von Ronni erzählt. Wir haben ein paar Mal Sternenkrieg gespielt. Sind auch 'n bisschen geflogen. Aber Jonas hatte meistens keine Lust. Er hatte auch keine guten Ideen. Wollte immer nur mit der Keule auf Aliens loshauen.

Ich legte mich ins Bett. Natürlich fliege ich auch tagsüber mit Ronni. Aber abends vor dem Einschlafen im Bett war es am schönsten. Ich kuschelte mich in mein Kissen. In welchem finsteren Winkel des Universums hielt Ronni sich gerade auf? Und in welcher schrecklichen Gefahr schwebte er ...?

Heiß brennt der Sand durch Ronnis zerlöcherte Schuhsohlen. Er stapft durch die Wüste. Schweiß rinnt von seiner Stirn. Kein Tropfen mehr in der Wasserflasche. Seit Stunden nichts getrunken. Die blaue Sonne des Planeten Kappa kreist vor seinen Augen. Erbarmungslos.

Ronni taumelt. Er kann nicht mehr. Fällt in den Sand. Am Himmel kreisen Blauwüstengeier …

Doch was ist das? Etwas hat ihn am Kopf
getroffen. Er rappelt sich auf. Die Schale
einer Kaktusfrucht!
„Quäck!", sagt eine Stimme. Ein Fakiraffe
sitzt in einer Kaktusgabel. Er wirft
Ronni eine Frucht zu. Ronni fängt sie
auf. Gierig saugt er sie aus. Seine
Kräfte kehren zurück. Der Affe springt
in den Sand. Er ist genauso groß wie
Ronni. Schlenkernd, sich mit einem Arm
abstützend, kommt er auf Ronni zu. Gibt
ihm noch eine Frucht.

„Kommst du mit meinen Weltraumgleiter
suchen?", fragt Ronni.
„Quäck!", sagt der Fakiraffe. Sie gehen
los.

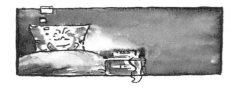

An diesem Abend wurde es mir klar. Ich brauchte einen
Spielgefährten. Einen, den ich lieb haben konnte. Einen, der
immer für mich da war. Einen, der nicht blöd war. Keine
Goldfische. Keinen Hamster.
Ich will einen Hund, dachte ich.
Dann schlief ich ein.

ICH WILL EINEN HUND

„Einen Hund?", fragte meine Mutter leicht entsetzt.

Ich schlüpfte in meine Jacke und nahm meinen Rucksack.

„Ja, ich wünsch mir einen Hund zum Geburtstag."

Meine Mutter schien nicht sehr begeistert von der Idee.

Wenn ich einen Hund habe, brauchst du dir doch nicht mehr so viel Sorgen zu machen, wenn ich lange wegbleibe, wollte ich sagen. Dachte dann aber: lieber nicht. Bloß nicht dran rühren.

„Ich weiß nicht", sagte meine Mutter. „Ich würd's mir an deiner Stelle noch mal überlegen."

„Brauch ich nicht", sagte ich.

Dann ging ich zur Schule.

Erdkunde ist mein Lieblingsfach. Und Bio. Herr Diestler, unser Biolehrer, kann sehr witzig sein. Einmal hat er uns den Balztanz eines Auerhahns vorgemacht.

Als er uns die Wale erklärte, brachte er einen Kassettenrekorder mit in die Schule. Hat extra noch zwei Boxen aufgebaut, damit wir es auch richtig hören konnten. Und die Vorhänge zugezogen.

„Stellt euch vor, wir sind im Meer", sagte er, „im Nordmeer vor Grönland in dreißig Meter Tiefe."

Dann spielte er uns die Gesänge der Wale vor.

Es war unheimlich. Es war gewaltig.

Ronni taucht in die Atmosphäre eines Wasserplaneten. Flüssiger Nebel. Fliegt durch eine schweigende Welt. Dann hört er die Stimmen der Bewohner: dieses eigenartig hohe Pfeifen, das tiefe Grunzen, das wie das wütende Muhen einer Kuh klingt. Dann wieder ein Quieken und Scharren, ein Gurgeln und Gluckern, ein Heulen.

Lange Töne, kurze Töne. Geglucker.

Die Schallwellen pflanzen sich über Kilometer durch das Wasser fort. Die Bewohner des Wasserplaneten gleiten durch den Nebel, gewaltige Fleischfestungen mit einem Gehirn. Sie erzählen sich was. Das machen sie, wenn sie gute Laune haben.

Im Biologieunterricht fällt fast immer was für das Universum ab. Manchmal ist es ein ganzer Planet, manchmal nur eine wandernde Pflanze, die mit ihren Mörderranken Reisende erwürgt.

Erdkunde haben wir bei Herrn Joost. Er kann spannende Geschichten erzählen. Herr Joost macht Survival in den Ferien. Er hat schon Schlangen gegessen. Und geröstete Ameisen. Er sagt, Ameisen sind köstlich, wenn sie geröstet sind.

Bei Herrn Joost kriege ich auch immer gute Ideen für Ronni. Blaue Wüsten und so.

An diesem Tag trödelte ich nicht. Ging gleich nach der Schule nach Hause. Ich wollte gute Stimmung machen. Ich wollte meinen Vater erwischen, wenn er nach Hause kam. Bevor er mit meiner Mutter gesprochen hatte. Ich wollte einen Hund.

Ich setzte mich hin und zeichnete eine Sternenkarte mit dem Planeten Kappa. Seine blaue Sonne. Die Meteoritenfelder in der Umlaufbahn. Gefährlich zu durchfliegen. Doch die hat Ronni längst hinter sich.

Ronni sitzt im Cockpit seines Weltraumgleiters. Vor ihm eine unbekannte Gegend im hinteren Universum. „Quäck!" sagt sein neuer Copilot. Und zeigt mit seiner Klaue nach vorn. Vor ihnen taucht ein ausgebranntes Raumschiff auf. Manövrierunfähig. Gestalten in Raumanzügen stehen auf dem Wrack. Sie haben ein T-Shirt an einen Stock gebunden und winken damit. „Weltraumschiffbrüchige voraus!" Ronni schaltet auf Handbetrieb und gibt Gas.

In kurzer Zeit sind die Schiffbrüchigen
geborgen. Sie müssen im engen Laderaum
sitzen. Ronni spricht den Bordbericht
ins Mikrofon: „Es sind Koraner. Sieben
Männer. Waren auf dem Weg nach Lau
Paleng. Unterwegs ist die Ladung explo-
diert. Art der Fracht unbekannt. Over."

„Quäck", sagt
Mgarr und deutet
mit der Klaue
nach hinten.
„Du meinst, sie
sind gefährlich?"
„Quäck!" Der
Fakiraffe nickt.
„Hast du eine
Idee?" fragt Ronni.

Ich hörte, wie mein Vater die Haustür aufschloss.

Ob mein Vater gute Laune hat oder schlechte, kann ich hören. Die Art, wie er ins Haus kommt, sagt mir alles. Und die Art, mit der er „Hallo! Wo seid ihr?" ruft, auch. Seine Stimme klang wie ein Lotteriegewinn. Das war meine Chance.

Ich rannte aus meinem Zimmer.

„Hallo! Papa! Ich wünsch mir einen Hund zum Geburtstag!"

„So, so!", sagte mein Vater, „Der Herr will einen Hund."

Ich grinste gequält. Wenn er nur nicht immer seine doofen Witze machen würde. Manchmal sind sie ja komisch. Aber meistens gehen sie mir auf den Geist.

Es dauerte ein paar Tage, bis ich meine Eltern überzeugt hatte, dass es mir mit dem Hund ernst war. Eines Abends, wir saßen in der Küche beim Essen, guckten sich meine Eltern mit bedeutungsvollen Blicken an. „Wir haben es uns überlegt", sagte meine Mutter.

„Du sollst einen Hund haben", sagte mein Vater.

Ich sprang auf und tanzte in der Küche herum.

„Ein Hund! Ein Hund! Ich krieg einen Hund."

„Aber du musst für ihn sorgen", sagte meine Mutter.

„Du musst die Verantwortung für ihn übernehmen", schob mein Vater nach.

Ich war überglücklich. Ich versprach alles, was sie wollten.

„Wann? Wann krieg ich ihn?"

„Na ja", sagte mein Vater. „Wir können ja morgen mal ins Tierheim fahren. Wenn wir einen finden, kannst du ihn schon haben. Aber auspacken darfst du ihn erst zum Geburtstag."

So ist mein Vater. Immer muss er Witze machen.

Ich konnte den nächsten Tag kaum erwarten.

HERR SCHRÖDER

TIERHEIM stand in großen blauen Buchstaben über dem Eingang.

„Na, dann los!", sagte mein Vater und wir folgten ihm in den Hof. Ein Mann mit einer Gummischürze kam auf uns zu. Er trug eine Schirmmütze. „Was kann ich für Sie tun?", fragte er.

„Wir suchen einen Hund", sagte mein Vater. „Für meinen Sohn." Er zeigte auf mich. Ich nickte.

„Na, dann komm mal mit, junger Mann!" Er führte uns zu den Zwingern, wo die Hunde waren. Aber erst kamen wir an den Katzenställen vorbei. Katzen sind Spielverderber. Die machen nicht mit, wenn sie keine Lust haben. Meistens haben sie keine Lust. Das kenn ich von Omas Katze.

Ich war enttäuscht. Es waren gar nicht so viele Hunde da. Nur sechs. Ein weißer Spitz fing gleich an zu kläffen, als er uns sah. Die anderen Hunde sahen schon ziemlich alt aus. Ein Schwarzer mit einem

Knetschauge. Einer mit Triefmaul. Einer, der so fett war, dass er sich nicht auf den Beinen halten konnte.

Ein brauner, schlanker Hund kam ans Gitter und fing an zu winseln. Er hatte kurzes Fell und sah aus wie ein guter Läufer. Aber er war nicht der Richtige. Er hatte zu traurige Augen. Er sah mich gar nicht, als er hochguckte. War nur traurig.

Enttäuscht wollte ich mich umdrehen. Da bemerkte ich, wie sich hinten aus einem Bündel Säcke etwas freistrampelte. Ein Welpe kam zum Vorschein. Ein Hundchen mit Schlappohren. Mit braunem Zottelfell.

Auf unsicheren Beinen kam er angesprungen. Es sah aus, als wenn er gleich hinpurzeln würde. Dann stand er japsend am Gitter.

„Den will ich", rief ich.

„Oh, ja! Der ist niedlich", sagte meine Mutter.

Mein Vater schluckte etwas, als er hörte, dass er zweihundertfünfzig Mark für den Hund bezahlen sollte. Aber der Mann mit der Schirmmütze sagte, das sei eine Schutzgebühr. Damit wir den Hund nicht an die Kosmetikindustrie verkaufen. Weil die Duschgel aus Hunden machen.

Ich hatte einen Hund!

Wir fuhren nach Hause. Ich saß mit meinem Hund auf dem Rücksitz. Hielt ihn im Arm und knuddelte ihn. Mein Hund. Mein guter Hund.

„Der sieht aus wie Herr Schröder", sagte ich.

Herr Schröder hatte den kleinen Laden am Ende der Siedlung. Sein Gesicht ist immer freundlich. Jedes Mal, wenn ich einkaufte, bekam ich einen Bonbon oder eine Scheibe Blutwurst. Die ich nicht mochte. Dann stand ich da. Mit einem Lappen fettiger Wurst in der Hand. Und wusste nicht, was ich damit machen sollte.

Jetzt ist er Rentner. Der Laden ist zu.

„Hallo, Schröder", sagte ich. Der Hund leckte mein Gesicht.

„Iih!" Ich ließ ihn los. Er sprang auf den Platz neben mir. Mein Vater guckte in den Rückspiegel. Er grinste.

„Also, ich kann mir nicht vorstellen, dass Herr Schröder sich auf seinem Rücksitz wälzt, sich am Ohr kratzt, aufspringt und zu wühlen anfängt", sagte er.

Aber es blieb dabei. Mein Hund hieß Schröder.

Zuerst zeigte ich ihm unser ganzes Haus.

„He!", schrie mein Vater, als wir ins Wohnzimmer tobten. Er saß in seinem Lieblingssessel, rauchte Pfeife und las einen Kriminalroman. „Nicht so laut!"

Meine Mutter hatte ein Körbchen für Schröder hergerichtet. Schröder sollte im Flur schlafen. Er war ziemlich müde vom Toben.

Genau wie ich. Ich zog mir meinen Schlafanzug an und ging Zähneputzen. Dann sagte ich Schröder Gute Nacht und legte mich ins Bett und zog mir die Decke über die Ohren.

Werkzeuggeklirr aus dem Laderaum. Die Koraner schrauben sich aus den Raumanzügen. Fieberhaft arbeitet Ronnis Gehirn. Mgarr, sein Copilot, kriegt einen

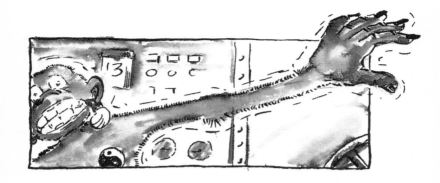

Anfall. Er schlottert vor Angst. Nein, er
friert. Er zittert. Die Kälte ist zu viel
für ihn. Er wird steif. Fällt zur Seite.
Ist erfroren.
„Mgarr!", schreit Ronni. Macht eine Voll-
bremsung.

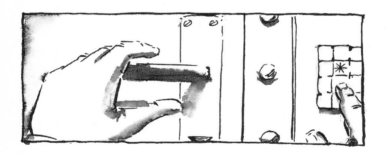

Raumanzüge klappern im Laderaum.
„Quäck!", sagt der Erfrorene. Grinst sein
Fakiraffengrinsen. Zeigt mit der Klaue
nach hinten.
„Genau", sagt Ronni. „Wir werden sie
einfrieren." Er drückt auf den Ver-
eisungsknopf. „Sie kommen in die Tief-
kühltruhe, und wenn wir ..."

Ein Jaulen vor meiner Tür. Schnüffeln und Winseln.

„Sch!", zischte ich. Sprang aus dem Bett und rannte zur Tür.

Jetzt kratzte er. Und jaulte wieder.

Leise machte ich die Tür auf. „Schröder!"

Schröder sprang mich an. Meine Eltern hatten nichts gemerkt.

Schnell machte ich die Tür wieder zu.

Schröder rannte durch mein Zimmer zum Bett. Sprang daran hoch, knallte gegen die Bettwand und fiel um.

„Eh, Schröder!"

Schröder war schon wieder auf den Beinen, sprang höher, kriegte das Kopfkissen mit den Zähnen zu fassen und polterte auf den Fußboden. Mit dem Kissen im Maul. Er fing an, dem Kissen den Garaus zu machen. Ich lief hin. „Schröder, lass das!"

Ich riss ihm das Kopfkissen aus dem Maul. Federn flogen durch die Luft.

„Was ist denn hier los?" Das Licht war an. Meine Mutter stand im Türrahmen.

„Schröder will bei mir schlafen."

„Na gut. Aber nur heute Nacht."

Damit irrte sie sich.

Schröder schlief immer bei mir.

Komische Sachen

Natürlich ging ich nach der Schule immer gleich nach Hause.

Schröder freute sich riesig, wenn ich kam. Er erwartete mich schon an der Haustür, wedelte. Dann sprang er mich an und riss an meinem Hosenbein. Er zerrte mich in den Flur. Sprang ab.

Schüttelte sich, dass ihm die Ohren um den Kopf schlackerten, und rannte in die Küche. An der Küchentür blieb er stehen. Drehte sich um, ob ich kam.

„Händewaschen!", rief meine Mutter. Schröder war schon wieder da. Begleitete mich ins Bad. Biss in den Bademantel meines Vaters. Zerrte daran. „Schröder, lass das!", sagte ich.

Endlich waren wir in der Küche. Ich füllte Schröders Napf. Wir aßen nämlich immer zusammen. Ich saß am Küchentisch und kaute Linseneintopf mit Würstchen. Schröder lag vor seinem Napf und zerknackte seine Hundekuchen. Das fand er prima. Wenn wir beide kauten.

Schröder legte sich zum Fressen immer hin. Direkt vor seinen Napf. Dann lag er da und fraß so lange, bis er den letzten Hundekuchen zwischen den Zähnen zerknackt hatte.
Würstchen mochte er aber lieber.
Wenn ich aufgegessen hatte, folgte Schröder mir in mein Zimmer.
Mein Zimmer war jetzt immer ziemlich aufgeräumt. Denn wenn ich was liegen ließ, dann machte Schröder etwas kaputt. Als Erstes hatte er meinen Legobau zertrampelt. Eine interplanetarische Krankenstation. Wo Ronni die eingefrorenen Koraner abliefern wollte.

„Wir kommen zu spät!" Die Krankenstation ist ein Schrotthaufen. Wer hat sie überfallen? In den verwüsteten Gebäuden lauert Gefahr. Die Entfrostungsstation liegt in Trümmern. „Wir müssen sie woanders hinbringen!"
„Quäck!", sagt Ronnis Copilot. Sie fliegen weiter mit ihrer kalten Fracht ...

Schröder war einmal mit seinen großen Pfoten drübergelaufen. Und krach, krach war die Krankenstation zertrümmert. Ein intergalaktisches Unwetter. An den Legosteinen hatte er auch herumgekaut. Manche waren so zerbissen, dass sie nicht mehr zu gebrauchen waren. Schröder liebte die weißen Achter.

Ich gewöhnte mir an, nach dem Spielen alles wegzuräumen. Dass mein Bett zerkratzt war und die Stuhlbeine angefressen, machte mir weniger aus.

Am Nachmittag ging ich mit Schröder raus. Bei jedem Wetter. Manchmal hatte ich keine Lust. Aber ich musste. Meine Mutter passte auf. Schröder musste Auslauf haben und seine Ecken bepinkeln.

Die Hunde in der Nachbarschaft haben ein eigenes Kommunikationssystem. Sie setzen Duftmarken. Um ihr Revier zu markieren. Schröder hatte natürlich auch so seine Stellen. Dann blieb er stehen, zerrte, wenn ich weiter wollte. Hob das Bein und markierte die Grenze. Und wenn er nur ein paar Tropfen rausdrückte. Am liebsten setzte er seine Marke über die eines anderen Hundes. Wer zuletzt pisst, hat gewonnen. Es wurde ihm nie langweilig.

In der letzten Zeit zerrte er ziemlich kräftig an der Leine, wenn er irgendwohin wollte. Er war gewachsen. Ich ließ ihn nicht alleine laufen. Nur im Park. Dann war es immer ein Riesenakt, ihn wieder an die Leine zu kriegen.

Doch er kriegte mich immer wieder rum. Dann tobten wir auf der Wiese. Manchmal warf ich Äste. Er brachte sie nie zurück. Rannte immer weg damit. Versuchte, sie zu verbuddeln. Blöder Hund!

Aber wenn er sah, dass ich die Leine rausholte, nahm er Reißaus. Rannte quer über die Wiese. Ich hinterher. „Schröder!", schrie ich. Er verschwand hinter der Wegbiegung. „Schrödeeer!"

„Was schreist du denn so, Bengel!"

Ich war direkt gegen ihn gerannt. Sein Gesicht sah gar nicht so freundlich aus. Ich hätte in einem Mauseloch versinken können.

Es war Herr Schröder. Der mit den Bonbons und der Wurst. Er ging mit seinem Dackel spazieren.

„Gg… guten Tag, Herr Schröder", stammelte ich.
Herr Schröder sah mich mit einem eigenartigen Gesichts-
ausdruck an. „Danny! Was ist denn los mit dir?"
„Ach, nichts. Es ist nur … mein Hund!" Ich rannte weiter.
„Schröder!", schrie ich.

Von dem Tag an
war Herr Schröder
nicht mehr freundlich.

PFEIFE UND HUHN

„Mama! Schröder hat wieder in mein Zimmer geschissen!"

„Es ist dein Hund!", rief meine Mutter aus dem Wohnzimmer.

Ich holte Kehrblech und Küchentuch. Zum Glück war die Scheiße schon hart und der Teppich nur ganz wenig beschmiert.

Mein Leben hatte sich völlig verändert, seit der Hund im Haus war. Manchmal hatte ich das Gefühl, ich schleppte nur noch Hundefuttertüten durch die Gegend. Und Schröder fraß. Er fraß alles, was er kriegen konnte. Abfälle, Mittagessenreste, Wurst vom Tisch, wenn keiner im Zimmer war. Wenn wir den Abendbrottisch deckten, musste immer einer von uns in der Küche bleiben, weil sich der Hund sonst bedient hätte. Er fraß alles. Linsensuppe, Käsefondue und Tiramisu. Schröder hatte immer Hunger.

Wenn man ihm den Napf voll schüttete, blieb er davor liegen, bis er die harten

Hundekringel alle aufgefressen hatte. Dann guckte er hoch, wedelte und wartete auf die nächste Portion.

Ich glaube, wir waren alle froh, wenn wir Schröder fressen hörten. Solange wir ihn fressen hörten, konnte er nämlich keinen Unsinn anstellen.

Schröder fraß laut. Er liebte es, die Hundekuchen zerkrachen zu lassen, er kaute mit einer wilden Entschlossenheit. Wir saßen beim Abendbrot. Es gab Pizza, die meine Mutter selber im Ofen bäckt. Sie ist köstlich und es würde nichts für Schröder übrig bleiben außer einem Stück vom Rand.

Schröders Kaugeräusche gaben uns das Gefühl, in einem sicheren Haus zu leben. Mein Vater war guter Laune. Er machte den Vorschlag, am Wochenende mal zum Baldeneysee rauszufahren.

„Kann Schröder mit?"

„Na klar", sagte mein Vater.

Meine Mutter lachte und sagte: „Ich mach einen Picknickkorb!"

„Ist doch noch viel zu kalt!"

„Ach was, dann essen wir eben im Stehen, im Mantel."

„Jetzt weiß ich wieder, warum ich dich geheiratet habe", sagte mein Vater. Meine Mutter lächelte.

Ich schob mir ein Stück Pizza in den Mund, kaute und hörte Schröder kauen. Es klang aber nicht wie Frolic. Schröder zerknackte einen dicken Knochen. Wir aßen Pizza! Wo hatte er den Knochen her?

Ich sah zu Schröder rüber. Er lag auf der Decke vor seinem Napf. Das Mundstück einer Pfeife zerkrachte gerade zwischen seinen kräftigen Backenzähnen. „Schröder!", schrie ich.

Die Köpfe meiner Eltern ruckten herum.

„Meine Pfeife!", brüllte mein Vater. „Der verdammte Köter frisst meine Lieblingspfeife!"

Mein Vater war stolz auf seine Pfeifensammlung. Er besaß nur sieben oder acht. Aber er hatte sie aus seinen frühen Jahren herübergerettet, wie er sagte. Mit jeder Pfeife war eine Geschichte verbunden. Eine davon hieß die Hundepissepfeife.

Mein Vater hatte sie von einem Freund in Wales bekommen. Abends am Kamin zündet sich mein Vater genüsslich seine neue Pfeife an. Und da sagt die Frau des Freundes: „Ach, ist das nicht die Pfeife, die der Hund bepinkelt hat?"

Dies blieb übrigens die einzige Pfeife, die Schröder nicht zerbissen hat. Denn im Laufe der Wochen mussten alle anderen auch noch dran glauben. Als mein Vater auf die Idee kam, die Pfeifen wegzuschließen, war es zu spät. Mein Vater war wütend.

Also, zwischen meinem Vater und Schröder lief es nicht so gut.

Mit Schröder wurde alles anders.

Menschen wachsen nicht so schnell wie Hunde. Wir hatten einen knuffigen, süßen Hundewelpen gekauft. Und nun tobte ein Fleisch fressendes Kalb durchs Haus. Nur ich war der Gleiche geblieben. Mehr oder weniger. Schröder war nicht nur größer geworden, sondern auch stärker. Ich musste mich jetzt gegen die Leine stemmen, wenn Schröder zerrte.

Wir machten immer noch weite Spaziergänge. Wir wohnen am Ortsrand. Hinter der Siedlung kommt eine Koppel. Dann ein Feld. Dahinter ein Waldstück. Wir kundschafteten die Gegend aus.

Ronni zischt mit seinem Weltraumgleiter zwischen den Schachtelhalmstämmen durch. Klaue nach vorn. Da! Drei Ptylodakterusse. Blutgierige Bestien. Sie haben ein ausgesetztes Kind erspäht. „Auf sie!" schreit Ronni ...

Schröder rannte los. Die Hühner, die im Graben gepickt hatten, ergriffen gackernd Reißaus. Sie waren fett und schaukelten beim Laufen. Schröder war schneller. Er stob in den Hühnerpulk hinein. Er packte ein Huhn am Hals und schleuderte es herum, als wenn es ein Kissen wäre.
Eisiger Schrecken durchfuhr mich.

35

„Schröder!", schrie ich. „Schröder!" Ich rannte hin. Als ich näher kam, ließ Schröder das Huhn ins Gras fallen. Das Huhn rührte sich nicht. Schröder guckte mich freundlich an und wedelte.

„Du Idiot!", sagte ich. Und sah mich um. Niemand zu sehen.

Schnell nahm ich Schröder an die Leine. Ging quer über das Feld auf die Straße zu. Hoffentlich hatte uns keiner beobachtet.

Als ich am Zaun an der Straße ankam, drehte ich mich noch einmal um. Das Huhn bewegte die Flügel. Schlapp. Dann rappelte es sich auf und rannte gackernd hinter den anderen her.

„Hallo, Daniel!"

Ein Mädchen auf einem Fahrrad kam vorbei. Es war Nicole. Ich kannte sie aus der Schule. Sie hatte einen Korb am Lenker. Fuhr zum Bauern Piepenkötter Eier holen.

„Hallo, Nicole."

Sie radelte weiter.

Ob sie etwas gesehen hatte?

Ein UNFALL

Das Huhn lag mir schwer im Magen.
Wir hatten noch mal Glück gehabt. Es hätte tot sein können. Der Hund vom Autohändler Gönnewicht hat mal ein Kind gebissen. Sie haben ihn erschossen. Den Hund. Vielleicht erschießen sie einen Hund auch, wenn er Hühner tötet. Ich machte mir Gedanken.
Ich hatte Angst um Schröder.
Aber ich sagte nichts. Behielt es für mich. Es war mein Geheimnis. Oder gab es einen Zeugen? Hatte Nicole etwas gesehen? Würde sie es sagen? Vielleicht ihrer Klassenlehrerin. Frau Vogelsang, Daniels Hund hat ein Huhn totgebissen. Oder ihrer Mutter. Warum sollte sie es verraten? Um zu petzen?
Außerdem lebte das Huhn ja noch.
Ich mied die Gegend um den Bauernhof. Ging mehr in den Park mit dem kleinen Teich. Da gab's zwar auch Enten und Rallen. Aber die waren schnell im Wasser, wenn Schröder angerannt kam.

Mit den beiden Schwänen legte Schröder sich nicht an. Einmal, als er ihnen zu nahe kam, hatte der eine Schwan den Kopf gehoben und böse gezischt. Laut und böse. Und gefährlich.

Schröder tat so, als hätte er ihn nicht gesehen und rannte in einem Bogen an ihm vorbei. Meine Oma sagt, Schwäne können Menschen die Arme brechen. Wie, hab ich gefragt. Aber das wusste sie auch nicht.

... ein staubiger, menschenleerer Planet. Ronni steigt aus dem Weltraumgleiter. Vor ihm sein Copilot. Wachsam gehen sie über das Geröll. Zisch! Staub wirbelt auf. Der Felsbrocken neben Ronni ist eine Riesenechse. Ihr gewaltiger Hals pendelt über ihnen in der Luft. Kleiner Kopf. Hammerschnabel. Zuckt vor und zurück. Böse Augen. Zischt. Aus den Nasenlöchern schießt Dampf. Mgarr bewegt sich vorsichtig auf seinen Hinterbeinen zurück. Stützt sich mit seinen Vorderbeinen ab. Bis er aus der Reichweite des Schnabels ist ...

Ein Mädchen auf einem Fahrrad fuhr durch den Park. Nicole.

Schröder rannte auf Nicole zu. Bellte wie ein Verrückter. Lief ihr direkt vor den Vorderreifen. Nicole kam ins Schlingern und kippte um. Das Fahrrad fiel über sie.

„Nicole!" Ich rannte los.

Nicole lag unter dem Fahrrad. Schröder stand daneben und guckte freundlich. Wedelte. Ich hob das Fahrrad auf.

„Nicole."

„Tierisch gut erzogen, dein Hühnerhund!", zischte sie.

Ich half ihr auf.

„Kannst du gehen?"

Sie nickte. Ihr rechter Arm war aufgeschürft.

„Komm!"

Sie legte ihren Arm um meine Schulter. Ich griff um ihre Hüfte. Führte das Fahrrad an der linken Hand. Sie humpelte etwas. Schröder lief neben uns her. Schüttelte seine Schlappohren.

Auf der Wiese ließ ich das Fahrrad fallen. Nicole ließ meine Schulter los und setzte sich hin. Ich mich auch.

„Ist es schlimm?"

„Geht schon wieder." Sie versuchte zu lächeln.

„Hast du das mit dem Huhn gesehen?"

„Ja", sagte sie. „Aber es legt noch Eier."

Wir mussten lachen.

„Das wollte ich nicht", sagte ich.

„Ach nee. Und warum hast du dann ,Auf sie!' gebrüllt?"

Ich war wie gelähmt. Hitze stieg mir ins Gesicht.

„Ich ..."

Ronnis Gehirn arbeitet auf Hochtouren. Alle Computer laufen heiß. Dies ist die Zone des Vergessens. Warum hat er den Befehl zum Angriff gegeben? Wo ist er? Wie heißt er? Was macht er hier? Er darf sich nicht erinnern! Ronni beschleunigt.

„Ich hab Cowboy gespielt."

„Und die Hühner waren die Indianer."

„Nee", sagte ich. „Ich wollte eine Herde zusammentreiben."

Nicole verzog das Gesicht.

„Ich glaub, ich geh jetzt besser."

Wir standen auf.

„Soll ich dich nach Hause bringen?"

„Danke. Für heute hab ich genug von deinem Hund."

Sie ging zum Fahrrad. Sie humpelte nicht mehr. Hob es hoch und schob es zum Weg. Stieg auf und fuhr los.

„Tut mir Leid!", rief ich hinter ihr her.

Sie winkte und verschwand in der Kurve.

Picknick im Grünen

„Am besten wir fahren Sonnabend", sagte mein Vater. „Dann sind noch nicht so viel Leute da."

Wir wollten zum Baldeneysee. Der Picknickkorb war gepackt. Wir saßen im Wagen. Mein Vater am Steuer. Meine Mutter daneben. Ich mit Schröder hinten. Prima Wetter. Gute Laune.

Mein Vater lenkte das Auto aus der Einfahrt auf die Straße.

Frau Höllriegl kam auf uns zu. Frau Höllriegl wohnt in unserer Straße. Ein paar Häuser weiter. Mit drohend erhobenem Zeigefinger kam sie näher. Sie sah aus wie ein Dampfer, der schwarzen Rauch ausstößt. Sie schimpfte wie ein Rohrspatz.

Mein Vater kurbelte die Scheibe runter.

„... eine Unverschämtheit", kreischte Frau Höllriegl und stieß meinem Vater ihren Zeigefinger ins Gesicht. „Meine Mülltonne! Umgestoßen! Schon wieder! Ihr Hund! Alles rausgewühlt! Alles rausgewühlt!" Sie war außer sich.

Der Kotelettknochen, den Schröder in der Mülltonne gesucht hatte, musste ziemlich weit unten gewesen sein.

„Das tut mir Leid, Frau Höllriegl", sagte mein Vater. „Ich
werde ihn persönlich bestrafen."

Ich musste grinsen.

„Achtung! Achtung! Weltraumpolizei an
Ronni! Im Planquadrat Gamma drei treibt
sich ein Weltraumstreicher herum. Ihr
Auftrag: Fangen Sie das Wesen ein und
bringen Sie es zur nächsten Raumstation.
Damit es seiner gerechten Strafe zu-
geführt werden kann."

„Roger."

„Over."

„Wir werden dafür sorgen, dass der Hund ihre Mülltonnen
künftig in Frieden lässt."

„Weltraumpolizei an Ronni! Vorsicht,
Ronni! Weltraumstreicher sterben lieber,
als dass sie sich einen Maulkorb
umschnallen lassen!"

„Das ist kein Hund", keifte Frau Höllriegl. „Das ist ein Un-
tier!" Sie drehte sich um und dampfte ab.

Schröder saß neben mir auf dem Rücksitz. Er guckte freundlich und wedelte.

„Von wegen wenig Leute!", sagte meine Mutter.

Viele Menschen hatten die gleiche Idee gehabt wie mein Vater. Die Grillwiesen waren voll.

Dicke Männer standen in Unterhemden vor Holzkohlegrills
und wendeten Fleisch und Würstchen. Witze wurden erzählt. Bratengeruch zog durch die Luft. Kinder liefen herum. Ein kleiner Hund kaute an einer Wurstpelle. Frauen
lachten. Flaschen wurden herumgereicht.

„Hier!", sagte meine Mutter. Sie hatte ein Randstück der Wiese erobert. Meine Mutter hat ein Auge für gute Pick-nickplätze. Wir legten die Decke aus. Meine Mutter hatte Kartoffelsalat gemacht. Keiner macht so guten Kartoffel-salat wie meine Mutter. Dazu: Frikadellen. Kräcker. Obst. Käse. Limo. Wein.

Schröder kriegte auch Kartoffelsalat. Er war begeistert.

„Wer fährt zurück?", fragte meine Mutter.

Schröder lag faul auf der Decke. Probierte Traubenschalen. Kaute darauf herum. Ließ sie dann aus dem Maul fallen.

Das Festessen bei Xotl, dem Fürsten der Bordurs, erreicht den Höhepunkt. Die Schüsseln mit den gerösteten Entenfüßen verschwinden. Jetzt wird die Krönung des Mahles aufgetragen: ein geschmorter Eselskopf. Xotl pult das Auge raus. Reicht es Ronni mit feierlicher Gebärde. Große Ehre! Xotl nimmt das andere Auge. Nickt. Schiebt es sich in den Mund. Ronni zögert. Xotls Miene verfinstert sich. Wer das Auge nicht isst, wird getötet. „Quäck!", sagt Ronnis Copilot. Seine Klaue schießt vor. Greift das Auge.

Er frisst es auf. Die Gäste erstarren. Mgarr rülpst und reibt sich den Bauch.

Alle lachen.

„Wir suchen einen Weltraumstreicher",
sagt Ronni. „Ist hier vielleicht einer
vorbeigekommen?"

Ein Gewitter zieht über Xotls Gesicht.
Ein Wutschrei löst sich aus seiner
Kehle.

„Er war hier!", knurrt Xotl. „Er hat mein
Lieblingshuhn getötet! Bring mir seinen
Kopf. Und ich gebe dir meine jüngste
Tochter!"

„Große Ehre!", sagt Ronni. „Aber jetzt
müssen wir weiter, Fürst!" Schnell
steigen Ronni und der Fakiraffe in den
Weltraumgleiter und zischen ab. Die
Bordurs sind unberechenbar ...

Um uns herum war Trubel. Kleine Kinder liefen umher,
plärrten. Von verschiedenen Seiten dröhnte Musik. Leute
machten Quatsch. Ein Paar tanzte barfuß. Zwei Männer
schleppten einen Bierkasten heran. Es war ein richtiges
Volksfest.

In all dieser Freude und Betriebsamkeit hatte man das Wetter vergessen. Wolken zogen auf. Es donnerte und nach kurzer Zeit ging ein Platzregen nieder. Er überraschte die Leute
mit dem Würstchen im Mund. Schreiend sprangen sie auf.

Das war das Signal für Schröder. Wie von der Tarantel ge-
stochen schoss er los. Lief zwischen den Leuten durch.
Rannte über Picknickdecken. Ein Babykorb fiel um. Das
Baby schrie wie am Spieß. Schröder schnappte sich eine Fri-
kadelle von einem Teller. Trat in eine Salatschüssel. Rannte
über alle Decken auf dem Platz. Ein Mann stürzte über ihn.
Verbrannte sich an den Grillkohlen. Brüllte auf. Kinder
heulten. Frauen schrien. Männer fluchten.

„Schröder!", rief ich.

Der Regen prasselte nieder. Die Leute kreischten. Packten ihre Sachen zusammen. Schröder mittendrin. Brachte eine Frau zu Fall. Rannte mit einer Decke weg. „Du Mistköter!" Ein paar Männer liefen hinter Schröder her. Einer hatte einen Knüppel.

„Schröder!", schrie ich.

Mein Vater rannte los.

„Halt! Das ist mein Hund", brüllte er.

„Dein Hund, ha! Und meine Wurst?"

„Er hat mein Kind erschreckt!"

„Dieser Mistköter!"

„Meine Frau ist hingefallen!"

„Das ist mein Hund!"

„Er hat unsere Decke zerrissen!"

„Es tut mir Leid", sagte mein Vater. Er stand im strömenden Regen. Die Männer hatten ihn eingekreist, rückten ihm auf die Pelle. Ein Dicker, dem die Regentropfen von der Nase absprangen, brüllte: „Pass doch auf deinen Köter auf, verdammt noch mal!"

Mein Vater nahm Schröder an die Leine. Meine Mutter hatte inzwischen zusammengepackt. Wir zogen ab.

Die Augenschminke meiner Mutter war zerlaufen. Ich wusste nicht, ob vom Regen oder ob sie geheult hatte. Jedenfalls war sie wütend. Dass das Picknick geplatzt war. Und auf Schröder. Es war ihr peinlich. Die Laune meines Vaters war auch nicht die beste.

Als wir auf den Parkplatz kamen, sah ich Nicole. Sie saß in einem Auto. Ihre Haare hingen ihr in Strähnen im Gesicht. Sie lachte. Winkte hinter der Scheibe.

Wir fuhren los. Meine Mutter schniefte.

MEIN DUMMER HUND

Meine Eltern sahen Schröder durch die jüngsten Ereignisse mit anderen Augen. Sie behandelten ihn genauso wie vorher. Etwas hatte sich jedoch geändert. Sie fingen an, mir Druck zu machen: Ich sollte mehr auf den Hund aufpassen. Nicht so wild mit ihm sein.

Doch erstens erhob sich die Frage: Wer eigentlich wild mit wem war? Und zweitens: Was sollte ich machen? Ich konnte doch Schröder nicht ständig im Auge behalten.

Eines Abends kam mein Vater nach Haus. Er war verwirrt. Hatte sich nicht mal die Jacke ausgezogen. Trat mit seinem Musterkoffer unterm Arm in die Küche, als wolle er uns sein neuestes Angebot präsentieren. Er öffnete den Mund und sagte: „Was ist denn mit Herrn Peters los? Der hat mich ja kaum gegrüßt. Als ich näher komme, dreht er sich um und verschwindet im Haus."

Herr Peters ist unser Nachbar. Er ist Rentner. Herr Peters erzählt gern. Lauert am Zaun, bis mein Vater nach Haus kommt. Und verwickelt ihn in ein Gespräch. Bis meine Mutter rausgeht. Um meinen Vater zum Abendbrot zu holen. Bis ich rausgehe. Um meine Eltern zum Abendbrot zu holen. Wobei ich nie vergesse, Schröder mitzunehmen. Sonst frisst er die Wurst, den Käse und leckt an der Butter.

„Was hat der Peters denn auf einmal?", fragte mein Vater.

Ich nahm einen tiefen Schluck aus meinem Milchglas. Versuchte, ihn lange im Mund zu behalten.

Meine Mutter sagte: „Schröder hat seinen Gartenschlauch zerbissen."

„Ach so", sagte mein Vater.

Die Milch lief in alle Winkel und Höhlen meines Mundes. Überflutete meine Zunge. Strömte in den falschen Hals. Ich musste husten. Konnte nicht aufhören.

„Danny!" Meine Mutter klopfte mir mit der Hand auf den Rücken. Es hörte auf.

Mein Vater stand immer noch mit dem Musterkoffer in der Küchentür. Gartenschlauch, zerbissen, die Worte schienen in seinem Hirn zu rotieren wie in einer Waschmaschine. Immer rum.

„Vielleicht kann man ihn flicken", sagte er.

„Der Schlauch war nagelneu! Sehr teuer!"

„Wir sind in der Haftpflicht", sagte mein Vater. „Hast du es ihm nicht gesagt?"

Meine Mutter nickte. „Doch. Aber Herr Peters wollte heute Abend seinen neuen Gartenschlauch ausprobieren. Er hat sich drauf gefreut wie auf die Bescherung."

Mein Vater grinste.

„Ich geh mal rüber und leih ihm unseren Gartenschlauch."

„Das ist nicht das Gleiche", sagte meine Mutter.

Das Ende vom Lied war, dass die Stimmung absackte. Ich

kriegte wieder zu hören, dass ich auf den verdammten Köter aufpassen solle.

„Ja, aber was soll ich denn machen?"

Das wussten sie auch nicht.

Schröder lag vor seinem Napf und fraß. Ihn kümmerte das
alles nicht. Den Gartenschlauch hatte er wahrscheinlich
längst vergessen. Ich ging in mein Zimmer.

Nebelplanet Nebula X. Sicht fünf Prozent.
Das ideale Versteck für einen Weltraumstreicher. Ronni tastet sich vorwärts.
Der Schatten vor ihm ist eine Pflanze.
Schon ist sie wieder im Nebel ver-
schwunden. ‚Die Sage von den wandernden
Pflanzen', schießt es Ronni durch den
Kopf. Da! Etwas zischt durch die milchi-
gen Schwaden auf ihn zu. Die Todesranke
der Mörderpflanze schlingt sich um
Ronnis Hüfte. Ronni kämpft. Durchschlägt
die Ranke mit seinem Laserschwert. Die
Ranke wächst nach. Ronni taumelt durch
den Nebel. Er erreicht den Weltraum-
gleiter. Da! Sein Copilot! Von einer
Pflanze angefallen. Die Ranke um seinen
Hals zieht sich zu. Der Fakiraffe keucht.
Er pinkelt die Pflanze an. Die Ranke wird
braun. Fällt ab. „Quäck!", sagt Mgarr.
Doch schon ist der Weltraumgleiter von
wandernden Pflanzen umzingelt. Wird der
Urin des Fakiraffen ausreichen, um den
Feind in die Flucht zu schlagen? ...

Krachbumm. Schröder kam rein.

Ich lasse die Tür immer einen Spalt offen, damit er reinkann.

Dann schmeißt er die Tür mit seiner Schulter auf. Kommt angehechelt. Und freut sich, dass er mich sieht. Oder wenn ich auf meinem Bett liege und lese, dann lässt er sich wedelnd in seinem Körbchen nieder. Aber was heißt hier Körbchen! Nachdem er aus dem ersten rausgewachsen war, haben meine Eltern ihm einen Mammutkorb gekauft. Immer wenn er in seinen Korb geht, dreht er sich einmal um sich selbst, bevor er sich hinlegt. Dann guckt er freundlich in die Gegend. Und freut sich, dass er da ist.

Ich sprang vom Bett und kniete mich neben Schröders Korb. „Schröder! Du darfst nicht so viel Mist machen! Die Leute werden sauer auf dich. Und auf mich auch! Und auf meine Ma und meinen Pa. Und wenn die erst mal sauer auf uns werden, dann sieht es schlecht aus." Schröder guckte mich freundlich an und wedelte.

„Kapierst du das?"

Schröder wedelte.

Er hatte nichts kapiert.

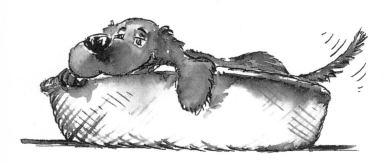

DER WELTRAUM-STREICHER SCHLÄGT ZU

Und dann kam der Tag, an dem es an unserer Haustür Sturm klingelte. Es war ein Samstagnachmittag.

Mein Vater stand auf der Terrasse und blies die Holzkohle an. Meine Mutter hatte Würstchen und Fleisch besorgt und Hackspießchen gemacht. Und Salate. Und leckere Saucen. Wir wollten grillen.

Ich kam mit einem Tablett voller Teller, Gläser und Besteck auf die Terrasse. Mein Vater hat ein Pusterohr. Also, ein Blasrohr. Extra zum Glut anblasen. Für Kamine oder einen Grill. Ein Weihnachtsgeschenk von seiner Firma. Mein Vater blies in die Glut. Die Funken stoben. Ich stellte das Tablett ab.

„Kann ich auch mal?"

Das Gellen unserer Haustürklingel hallte durchs Haus. Dingdongdingdongdingdong. Als hätte jemand Sekundenkleber auf den Klingelknopf geschmiert. Wir rannten zum Eingang. Mein Vater machte die Tür auf.

... das Monster war kugelrund. Keuchte. Hatte eine Dauerwelle. Sein Atem war giftig ...

Frau Höllriegl stand vor der Haustür. Sie bebte. War rot im Gesicht. Kriegte kein Wort heraus. Es sah aus, als würde sie gleich platzen. Anklagend zeigte sie auf unseren Vordergarten. Schröder war am Wühlen. Im Blumenbeet meiner Mutter. Neben dem Loch lag ein großer, schmutziger Klumpen. „Was ist denn das?", fragte mein Vater entsetzt.
„Mein ... mein Sauerbraten", keuchte Frau Höllriegl.
Frau Höllriegl erwartete den Besuch ihres Enkels. Er war bei der Bundeswehr. Am Sonntag wollte er kommen. Sie hatte ihm einen Sauerbraten gemacht. Sein Lieblingsgericht. Und das vergrub Schröder gerade. In Mutters Blumenbeet ...
Frau Höllriegl jammerte, was sie jetzt machen sollte.

„Achtung! Boden an Ronni. Der Weltraum-
streicher hat wieder zugeschlagen!
Er stahl das Heiligtum der Korynther.
Vor aller Augen. Und vergrub es im Müll.
Die Korynther wollen seinen Kopf! Fang
ihn!"
„Roger!"
„Over!"
Mascha von der Bodenstation. Ronni hat
sie noch nie gesehen. Kennt nur ihre
Stimme. Mascha gibt die offizielle Order.
Dann schaltet sie die Mithörkanäle ab
und schickt noch was nach: „Hallo Ronni!
Nimm dein Pusterohr mit, wenn du ihn
suchst. Du brauchst ihn bloß zu betäuben.
Er ist harmlos."
„Okay. Ich setze ihn irgendwo aus, wo er
keinen Schaden anrichten kann."
„Vergiss nicht, ihm Essen mitzugeben!"
„Alles klar!" ...

„Da wird doch der Hund in der Pfanne verrückt!" Meine
Mutter stand mit der Küchenschürze im Türrahmen.
„Schröder! Raus da! Um Himmels willen! Was ist das für
Fleisch?"

„Mein Sauerbraten!", keuchte Frau Höllriegl. Sie erzählte
alles, was sie schon die ganze Zeit erzählte, noch einmal.
Von ihrem Enkel. Bei der Bundeswehr. Von seinem Lieb-
lingsgericht. Er isst ihn so gern. Ihren Sauerbraten. Wo er
sich so darauf freute. Was sollte sie jetzt machen? Der
Sauerbraten war hin. Sie hatte nichts zu essen für ihren
Enkel. Und er hat doch immer solchen Hunger!
Frau Höllriegl wusste nicht, ob schimpfen oder jammern.
Sie tat beides. Hatte sie eben noch gejammert, so schrie sie

54

es jetzt wieder wütend hinaus. Sein Lieblingsgericht! Ihr Sauerbraten!

„Bitte warten Sie einen Moment", sagte meine Mutter. Sie drehte sich um und verschwand im Haus.

„Wie ist der Hund eigentlich zu Ihnen reingekommen?", fragte mein Vater.

„Über den Zaun. Und weg war der Sauerbraten!", stieß Frau Höllriegl hervor. Allein die Erinnerung daran machte sie wieder wütend.

... das Monster faucht. Rot glühen seine Augen. Flackern. Gleich brennt die Sicherung durch ...

„Bitte, nehmen Sie das!"

Meine Mutter drückte Frau Höllriegl ein Paket in die Hand.

„Das sind Schweinefilets, Würstchen und Hackspießchen. Sie reichen für drei."

Frau Höllriegl schnappte das Paket und dampfte ab.

Schröder kriegte Schimpfe. Der Sauerbraten wurde in der

grünen Tonne entsorgt. Meine Mutter schüttelte vorsichtig die Erde von der Akelei und scharrte alles glatt.

„Kommt grillen", sagte mein Vater.

„Es ist nichts mehr da", sagte meine Mutter.

„Hast du ihr etwa das ganze Fleisch mitgegeben?"

„Ja."

„Wisst ihr, was mir schlechte Laune macht?"

Meine Mutter wollte es nicht hören. Ich auch nicht.

Er sprach trotzdem weiter.

„Was mir total schlechte Laune macht? Wenn ich mich auf ein Essen freue und kriege es nicht. Wenn ich Hunger habe. Und vor leeren Töpfen sitze. Wenn ich ‚Hm, lecker‘ denke und eine Scheibe Knäckebrot in die Hand gedrückt kriege. Das ist Betrug!"

Meine Mutter seufzte und strich sich ihr Haar aus der Stirn.

„Und was willst du uns damit sagen?"

„Es gibt nur zwei Möglichkeiten: Entweder Knäckebrot mit Selterswasser oder wir bestellen uns eine riesengroße Grillplatte beim Griechen."

„Essen gehen!", sagte ich.

Schröder wedelte.

„Nee, du nicht!", sagte meine Mutter. „Du kommst in den Schuppen, Freundchen!"

Mein Vater nahm Schröder am Halsband und zerrte ihn in den Geräteschuppen. Schloss von außen ab. Schröder fing an zu winseln. Dann kratzte er mit den Pfoten an der Schuppentür.

„Kommt!", sagte mein Vater.

Wir gingen zum Auto.

DREIMAL NASI, BITTE

„Auf zum Spachteln", sagte mein Vater, als wir aus der Siedlung fuhren. „Ich sehe einen himmlischen großen griechischen Grillteller vor meinem geistigen Auge."

Er bog in die Kanalstraße ein und gab Gas.

„Pass lieber auf den Verkehr auf!"

„Ich will Nasi", sagte ich.

„Du mit deinem Nasi. Das ist Orang-Utan-Futter!"

„Ich will keinen Grillteller", sagte ich.

Fleisch konnte ich jetzt nicht sehen. Ich musste immer an den glibbrigen Sauerbraten denken. In Nasi Goreng ist zwar auch Fleisch drin, aber es gibt auch ein Spiegelei, leckere Maiskölbchen und Reis. Sate rühre ich nicht an. Zu schwer. Man kracht durch den Fußboden, wenn man davon isst. Kropoek ist prima!

„Also gut! Wir stimmen ab. Was willst du, Liebling, Grillteller oder Nasi?"

„Nasi", sagte meine Mutter. „Fleisch mag ich jetzt nicht sehen."

Mein Vater seufzte. „Also, Nasi." Dann fing er an zu flöten.
Ich kannte das Lied. Es war: „Ich hatt einen Kameraden ..."
Er hörte schnell wieder auf. Wir fuhren zum Indonesier.
Ich war in Gedanken bei Ronni. Was würde Ronni machen,
wenn an Bord einer Mist baute? Irgendwas lief nicht richtig.
Und ich konnte nicht damit umgehen. Das machte mir
Angst.

... Die Spur führt in den Zaubergarten
des Planeten Smira. Überall Luftballons,
Papierschlangen, Glitzerkram. Leuchtende
Schmetterlinge gleiten durch die Nacht
wie schwebende Lampions. Es riecht nach
gebratenen Weltraumgarnelen.
Sternenspringer aus allen Ecken des
Universums sind gekommen. Sie essen,
sie trinken, sie lachen und tanzen. Süße,
gefährliche Musik erklingt. Eine Gruppe
vom Planeten Börk tanzt den Tanz der
wandernden Pflanzen. Die Bühne ist mit
bunten Luftballons geschmückt. Ronni
steht direkt davor. Ronni muss immerzu
eine Tänzerin ansehen. Sie hat blonde
Haare und blaue Augen.
Plötzlich ein Aufschrei. Ein Fakiraffe
springt auf die Bühne. Rennt auf einen
Haufen Luftballons zu. Springt die
Ballons an und zerknallt sie mit seiner
Kralle. Peng. Peng. Peng. Peng. Alle.
Stürzt sich auf den nächsten Haufen.
Die Zuschauer werden wütend. Waffen
blitzen. Sie überwältigen ihn. Mgarr, der
Fakiraffe, wird abgeführt.
Ronni schleicht zum Weltraumgleiter.

Er muss seinen Copiloten befreien. Aber
wie ...

„Der Hund ist eine Nervensäge",

... hörte ich meinen Vater sagen.
„Ja, leider." Die Stimme meiner Mutter klang verbittert.
Ich sagte nichts.

Das indonesische Restaurant heißt Bogor. Das ist ein Ort in
Indonesien. Von dort kommt die Familie Benteng. Der Vater
steht in der Küche und kocht. Die Mutter bedient die Gäste.
Und die beiden kleinen Kinder spielen im Gastraum neben
der Küchentür.
Sie haben einen kleinen Hund. Er heißt Pipi. Es ist ein Peki-
nese. Als wir kamen, zerrte er an den Windeln des Babys
herum. Das Baby lachte.
Meine Eltern genossen den Abend. Sie lebten auf. Das erste
Mal seit langer Zeit, dass wir nicht Schröders Kaugeräusche
beim Essen hörten. Meine Zunge sog sich in ein Kropoek-
stück. Das sind leckere Fischknusperteile. Die sind so porös,
dass die Zungenoberfläche richtig hineingesogen wird. Bis
es kitzelt.
Dann kann man sie zerkranschen.
„Jedenfalls", sagte mein Vater, „bringt uns der Hund, äh,

dein Hund, eine Menge Probleme ein. Nicht nur, dass die Nachbarn immer unfreundlicher werden. Jetzt müssen wir schon unsere Lebensmittel hingeben, um sie zu beruhigen." Er machte sein extraernstes Gesicht. Schüttelte den Kopf. Griff an seinen Krawattenknoten, obwohl er gar keine Krawatte trug.

„Schätze, wir müssen ihn an die kurze Leine legen."

„Und wie stellst du dir das vor?", fragte meine Mutter.

„Tja." Mein Vater runzelte die Stirn. „Wenn ich das wüsste." Ich sagte lieber nichts.

„Mir tut er schon Leid, wenn ich denke, dass er jetzt im Schuppen hockt", sagte meine Mutter. „Der Hund braucht Gesellschaft."

„Ach!", schnaubte mein Vater. „Sind wir seine Sklaven? Die Baumgärtners! Ha! Leibeigene ihres Hundes! Die ihm Gesellschaft leisten müssen. Damit er sich nicht langweilt!"

Ich weiß nicht, wie es passiert. Manchmal stürzt die Stimmung ab. Das war so ein Moment. Ich musste an Schröder denken.

„Kommt nach Hause", sagte meine Mutter.

Frau Benteng brachte die Rechnung.

„Sie traurig?", fragte sie meine Mutter besorgt.

„Nein", sagte meine Mutter. „Wir machen uns Gedanken. Wir haben den Hund allein gelassen."

„Oh!", sagte Frau Benteng. „Junger Hund allein nicht gut!" Wir fuhren nach Hause.

SCHRÖDER, DU IDIOT!

Es war dunkel, als wir in unsere Straße bogen. In der Siedlung alles still. Überall in den Fenstern Licht. Nur in unserem Haus nicht. Nicht mal die Eingangsbeleuchtung war an. Unser Haus sah unheimlich aus. Leer und kalt.

Mein Vater fuhr den Wagen in die Garage.

„Wir müssen den Hund rauslassen", sagte meine Mutter.

Ich war schon aus dem Auto. Musste warten, bis meine Mutter die Tür aufgeschlossen hatte. Ich lief durch das leere Haus über die Terrasse zum Geräteschuppen. Meine Eltern waren hinter mir.

„Schröder!" Ich erreichte die Tür des Geräteschuppens. Keine Antwort. „Schröder!", rief ich bange. Kein Laut.

Mein Vater machte die Tür auf. Im Schuppen war es finster.

„Schröder!", rief ich lauter. Mein Vater schaltete das Licht an.

Da sahen wir ihn: Schröder lag wie ein

Häufchen Elend auf dem Boden, alle viere von sich gestreckt. Er hechelte und seine Augen waren trübe. Ich rannte zu ihm und ließ mich auf die Knie fallen.

„Schröder, du Idiot", sagte ich leise. „Was hast du gemacht?"

Er war so krank, dass er mich nicht mehr ansehen konnte. Seine Augen guckten starr geradeaus. Er hechelte nur. Rührte sich nicht. Manchmal zuckte er, als wenn er Schmerzen hätte.

„Er hat was gefressen!", sagte mein Vater. „Wir müssen den Notdienst anrufen!"

Meine Mutter rannte ins Haus zurück.

Dann fand mein Vater die Patrone. Schröder hatte eine Maulwurfspatrone zerbissen. Mein Vater hatte sie mal gekauft. Aber nie benutzt. Schröder hatte sie kaputtgebissen. Und Säure ins Maul bekommen.

Ich saß bei Schröder und streichelte ihn ganz vorsichtig. Ich heulte nicht. Aber ich war dicht davor. Meine Mutter kam zurück.

„Wir sollen mit dem Hund sofort hinkommen."

„Ja", sagte mein Vater. „Sie müssen ihm den Magen auspumpen."

Vorsichtig legten wir ihn auf eine Decke. Er zuckte dabei. Und röchelte. Er sah mich an.

Mein Vater nahm Schröder vorsichtig auf den Arm und wir gingen zum Wagen. Legten Schröder behutsam auf den Rücksitz. Ich saß neben ihm.

Schröder hechelte. Ich streichelte ihn. Wenn er zuckte, erschrak ich. Seine Augen waren ganz starr.

Die Fahrt kam mir endlos lang vor. Die Sekunden waren schwarze Löcher. Ronni verschwand in einem schwarzen Loch.

TIERARZT HUBERTUS KRALLE. So heißt er wirklich. Wir parkten direkt vor seinem Haus. Dr. Kralle war ein rundlicher älterer Mann mit einer dicken Brille. Er sah Schröder auf dem Rücksitz nur kurz an. „Eine Vergiftung also", sagte er.

Er nahm Schröder vorsichtig auf und trug ihn ins Haus. Wir folgten ihm ins Behandlungszimmer. Der Arzt legte Schröder auf einen Operationstisch. „Ich muss ihm den Magen auspumpen."

Aber erst kriegte Schröder eine Spritze. Es dauerte, bis die Flüssigkeit in Schröder verschwunden war. Der Arzt holte einen großen Schlauch. Ich stellte mir vor, dass ich den schlucken sollte.

„Alles nur, weil er nicht lesen kann", sagte der Arzt und schob Schröder den Schlauch ins Maul. Schröder war völlig apathisch. Ließ alles mit sich machen.

„Wieso?", fragte mein Vater.

„Wenn er lesen könnte", sagte der Arzt und schob Schröder den Schlauch tiefer in den Hals, „dann hätte er ‚Gift' auf der Packung gelesen. Und es nicht gefressen."

Er drehte sich kurz zu uns um, blitzte uns durch die dicken Brillengläser an und wandte sich wieder dem Schlauch zu. Ich merkte, wie mein Vater unruhig wurde. Er griff an seinen nicht vorhandenen Krawattenknoten. Schaffte sich Luft.

„Es ist meine Schuld", sagte er dann. „Ich hätte das Zeug besser weglegen sollen."

„Seien Sie froh, dass Sie lesen können", sagte der Arzt.

Ein Schwall von Halbverdautem kam aus Schröders Magen nach oben. Es stank entsetzlich. Es kam mehr und mehr und mehr. Eine ganze Schüssel voll. Der Arzt wischte Schröder die Schnauze mit einem Küchentuch ab.

„Baden Sie ihn nicht gleich!", sagte er streng. „Ich gebe dem

Hund jetzt ein Aufbaupräparat. Dann können Sie ihn wieder mit nach Hause nehmen."

„Und was können wir tun?", fragte meine Mutter.

„Wie müssen wir ihn behandeln?" Mein Vater.

„Wird er wieder gesund?" Ich.

„Das Gift ist raus", sagte der Tierarzt. „In ein paar Tagen springt er wieder. Machen Sie ihm Fleischklößchensuppe."

Schröder war völlig apathisch. Mein Vater trug ihn ins Auto zurück. Wir fuhren nach Haus.

EiNE SCHWERE ENTSCHEIDUNG

Schröder lag in seinem Korb. Seine Augen waren nicht mehr so trübe. Er guckte traurig. „Schröder", sagte ich und streichelte ihn.

Er bewegte sich kaum. War noch ganz schlapp. Fraß nicht. Trank nur Wasser. Wenn ich ihm die Schale hinhielt. Schlabberte sich mit seiner Zunge das Wasser rein. Ganz langsam. Wenig.

Am nächsten Tag brachte ich Schröder Hundenaschos mit. Er lag immer noch in seinem Korb. Er schnupperte nur dran. Und ließ sie liegen. Wedelte aber ein bisschen, als ich kam. Zum Abendessen gab es für alle das Gleiche: Fleischklößchensuppe. Schröder schleckte ein bisschen davon. Ließ aber die Fleischklößchen liegen.

„Immerhin: Er hat was zu sich genommen", sagte meine Mutter.

„Seine Magensäfte müssen erst mal wieder anfangen zu arbeiten", sagte mein Vater.

Die Geschichte mit Schröder hatte uns

alle mitgenommen. Mein Vater machte sich Gedanken. Er hatte Schuldgefühle. Hätte er das Gift nicht rumliegen lassen …

„Wer kommt denn schon auf so was!", brummte er vor sich hin.

Doch da war noch mehr, das ihm im Kopf herumging. Was das war, erfuhr ich ein paar Tage später.

… „Das war knapp!", sagt Ronni. Sie gleiten durch Sternenwelten. An Planeten, Kometen und Spiralnebeln vorbei. Sein Copilot hat ein Pflaster auf der Stirn. Linken Arm in Gips.

„Quäck!", sagt er. Zeigt mit der rechten Klaue ins Weltall. Schüttelt heftig den Kopf.

„Gefällt es dir nicht?"

„Quäck!", knurrt Mgarr.

„Hast du Heimweh?"

Der Fakiraffe nickt.

„Aber wir wollten doch noch zum Steinzeitplaneten! Den Weltraumstreicher suchen."

„Quäck!", knurrt Mgarr.

Schröder erholte sich schnell. Schon am dritten Tag hob er den Kopf und guckte freundlich, als ich aus der Schule kam. Er stand auf. Wedelte. Dann drehte er sich einmal um die eigene Achse und legte sich wieder hin.

Am vierten Tag lief er schon in meinem Zimmer herum. Zog mich am Hosenbein. Wollte raus.

„Bleib mit dem Hund im Garten!", rief meine Mutter aus dem Wohnzimmer.

Ich spielte mit Schröder auf dem Rasen. Er war schon ziemlich fit. Bald würde er wieder über Zäune springen.

Meine Eltern kamen auf die Terrasse. Meine Mutter hatte Sangria gemacht und für mich eine Bananenmilch im Mixer. Ich rannte hin, um zu trinken. „Bleib mal hier", sagte mein Vater. „Wir haben was zu besprechen." Mein Vater schenkte meiner Mutter ein. Meine Mutter wirkte etwas nervös. „Mehr Früchte!", sagte sie.

„Setz dich", sagte mein Vater.

Ich befürchtete das Schlimmste. So sitzen wir immer zusammen, wenn wir eine Ferientour planen. Aber es waren keine Ferien in Sicht. Schröder war krank gewesen. Der konnte ja keinen Mist gemacht haben. Und ich? Ich dachte an das Huhn. Blieb stehen.

„Was is'?"

Mein Vater räusperte sich.

„Ich glaube, wir können an der Tatsache nicht mehr vorbeisehen, dass wir dem Hund nicht gewachsen sind."

„Wieso", sagte ich lahm. „Er macht doch gar nichts."

„Wer weiß wie lange noch. Konflikte mit den Nachbarn sind schon unangenehm. Aber sie lassen sich bereinigen. Doch wenn der Hund anfängt, zu einem Sicherheitsrisiko zu werden ..."

„Der Hund braucht Gesellschaft und Auslauf", sagte meine Mutter. „Und beides können wir nicht ausreichend geben."

„Was wollt ihr machen?" Ich merkte, wie meine Stimme wegkippte. Tränen stiegen mir in die Augen.

„Das wollen wir mit dir besprechen", sagte mein Vater.

„Ihr wollt Schröder weggeben", sagte ich mit erstickter Stimme.

„Danny, wir können nicht ständig auf den Hund aufpassen. Kannst du dafür garantieren, dass Schröder keinen Mist mehr macht?"

Die Frage meiner Mutter stand in der Luft. Eine Amsel zwitscherte. Ja, wollte ich antworten. Schluckte dann aber und schwieg.

Ich spürte, dass sie sich schon entschieden hatten. Dass der Kampf aussichtslos war. Eine Sekunde war ich sogar erleichtert. Endlich mein Zimmer wieder für mich. Doch wohin mit Schröder? Wer konnte wissen, wo er hinkam. Zu welchen Menschen. Vielleicht würde ich ihn nie wiedersehen. Ich musste heulen.

„Danny", sagte meine Mutter.

„Nicht ins Tierheim zurück!", sagte ich.

Mein Vater wollte eine Anzeige aufgeben. „Heim für netten Hund gesucht."

„Und wenn die Leute den Hund an die Kosmetik verkaufen?"

„Wir gucken uns die Leute vorher an."

Schröder hatte noch eine Galgenfrist.

Nicky

„Halt Schröder an der Leine!", sagte meine Mutter. Sie war nicht begeistert, dass ich mit Schröder spazieren gehen wollte. Aber ich wollte mit Schröder raus. Die Anzeige in der Zeitung würde am Wochenende erscheinen. Ich hatte also nur noch ein paar Tage mit Schröder. Jeder Tag konnte der letzte sein.

Das machte mich traurig und wütend. Ich war wütend auf Schröder. Und wütend auf mich. Ich schimpfte mit Schröder. Ich erzählte ihm, was los war. Dass er weg sollte. Weil er zu viel Mist machte. Zu anderen Menschen. Dass wir uns nicht wiedersehen würden. Dass ich traurig war.

Doch Schröder guckte nur freundlich und wedelte mich an.

„Du bist ein dummer Hund, Schröder!"

„Hömma, wat wisstu für den Köter?", sagte eine Stimme.

Sie kam von einem Mädchen. Es trug seine Haare wie die Freiheitsstatue, aber lila gefärbt. Etwas weiter lehnten drei männliche Punks an der Mauer. Einer hatte ein U-Boot auf dem Kopf.

„Du kannst ihn haben", sagte ich.

„Ey, kommt ma rüber! Der Kurze hat mir gerade seinen Hund geschenkt", brüllte das Mädchen.

Ein U-Boot, ein roter und ein grüner Irokese lösten sich von der Mauer. U-Boot spuckte aus. Grünirokese trug eine Kette aus Nagetierzähnen auf der nackten Brust.

„Wie heißt der?", stieß Rot hervor.

„Schröder", sagte ich.

„Wo hat er denn sein Schmusetuch?"

„Nicht wie der! Wie Herr Schröder vom Rewe."

Grün: „Und wat frisst der so?"

„Alles", sagte ich. „Fleisch, Kartoffeln, Nudeln, Soße, Frolic, Brot, Fisch, Pudding, Eis, Jogurt, Erbsensuppe, Käse, Naschos, Überraschungseier – alles, was er kriegen kann. Nur Sauerkraut nicht."

Grün: „Da wird er sauer von, wa?"

Das Mädchen lachte schrill.

„Sind das echte Rattenzähne?"

„Klar", sagte Rot. „Willst mal reinbeißen?"

Die Typen wieherten los. Lachten sich kaputt. Kriegten sich gar nicht wieder ein.

„Lass mir Futtergeld da", sagte das Mädchen. „Sonst kann ich ihn nicht nehmen."

„Komm, Schröder!" Wir gingen weiter.

An diesem Tag hatte ich meinen dritten Traurigkeitsanfall. Ich wollte allein sein. Keinen Menschen sehen. Denken. Ich hatte Schröder an der Leine. Er zog und ich ging hinterher. Wir gingen und gingen. Stundenlang. Landeten schließlich im Fredenbaumpark. Gingen quer über die Wiese. Schröder zog.

Ein Surren kam auf dem Asphaltweg näher. Ein Mädchen auf Rollerblades bog mit Schwung um die Ecke. Es war Nicole.

„Hi, Danny!", rief sie.

„Hallo, Nicole", sagte ich.

„Meine Freunde nennen mich Nicky!"

72

Sie stoppte ab und stakste mit den Blades über den Rasen auf mich zu. Schröder rannte vor, zog an der Leine. Schlackerte mit den Ohren. Wedelte.

„Hi, Schröder!" Nicky klopfte ihm die Flanke. Sie guckte mich an. „Was ist denn mit dir los?", fragte sie. „Hast du Probleme?"

„Nee", sagte ich. „Es ist nur ..."

Meine Stimme kippte weg. Ich merkte, wie mir die Tränen in die Augen schossen. Ich schluckte. Versuchte es zurückzuhalten. Doch dann brach es aus mir heraus. Ich heulte los. Die Tränen flossen. Ich heulte vor Wut über den blöden Köter, der alles kaputtmachte. Ich heulte, weil ich ihn nicht bändigen konnte. Ich heulte, weil ich traurig war, dass er weg musste.

„Danny", sagte Nicky leise. Sie wischte mir die Tränen mit den Fingerspitzen ab. „Danny! Was ist denn los?"

Schröder hatte sich neben uns auf den Boden gelegt. Sein Kopf ruhte auf den Pfoten. Er guckte zu uns hoch. Freundlich. Wedelte.

„Schröder soll weg!", sagte ich.

Schröder spitzte die Ohren. Nicky guckte mich an. „Mist."

„Zu fremden Leuten!"

„Und du willst es nicht?"

„Ich weiß nicht. Schröder baut immer nur Mist. Aber ich will nicht, dass er zu fremden Menschen kommt. Oder ins Tierheim zurück."

Die Tränen stiegen mir wieder in die Augen.

„Aber ich kann ihn nicht behalten."

Nicky zog die Stirn kraus. Legte den Zeigefinger an die Lippen.

„Vielleicht kann ich dir helfen. Ein Freund von meinem Opa züchtet Hunde. Der hat 'ne Hundeschule."

„Glaubst du, der würde Schröder nehmen?"

„Ich weiß nicht", sagte Nicky. „Ich sprech mit meinem Opa."

Nicky stand auf. Schröder winselte.

„Ich ruf dich an!", sagte sie. „Ciao!"

Ich stand auch auf. Schröder sprang auf.

Nicky hatte die Straße erreicht. Schröder stand neben mir.

„Baumgärtner!", rief ich hinter ihr her. „Steht im Telefonbuch. Mein Vater heißt Joseph!"

„Du Blödmann!" Nicky lachte. Und flog davon. Auf den Blades.

Dann sah ich das Auto meines Vaters in den Park einbiegen. Meine Mutter hatte ihn suchen geschickt. Er war bestimmt sauer. Das mochte er nicht. Gleich nach der Arbeit Probleme. Wo er sich ausruhen wollte.

„Komm, Schröder", sagte ich.

Die feindliche Heimat erwartete uns.

WO WARST DU, DANNY?

Meine Eltern machten den üblichen Zirkus. Wo warst du? Warum hast du nicht angerufen? Fängst du wieder an, dich rumzutreiben? Und so weiter. Aber sie schimpften nicht richtig.

„Hab nicht gemerkt, wie spät es ist. Tut mir Leid", sagte ich.

„Danny", sagte mein Vater. „Mir tut es auch Leid. Aber ich finde es einfach nicht akzeptabel, dass du keine Zeiten einhältst. Einfach verschwindest. Wir wollen wissen, wo du bist!"

„Ist es wegen Schröder?", fragte meine Mutter.

„Ja", sagte ich.

„Glaub mir, mir tut es auch weh, dass wir ihn weggeben müssen."

„Auf die Anzeige hat sich noch niemand gemeldet", sagte mein Vater. Das Telefon klingelte. Das Schrillen traf mich wie ein Pfeil ins Herz. Mein Vater ging ran. „Baumgärtner." Er horchte.

„Moment", sagte er dann. „Für dich!" Er

reichte mir den Hörer am langen Arm entgegen. „Es ist
Nicole."

„Hallo, Danny. Ich hab meinem Opa von Schröder erzählt.
Er hat seinen Freund angerufen. Onkel Max will sich den
Hund mal ansehen. Vielleicht nimmt er ihn, sagt er. Wenn
ihr wollt, könnt ihr morgen bei ihm vorbeifahren."

„Mensch, toll! Danke, Nicky!"

„Sag es mir in der Schule, ja?"

Nicky wollte auflegen.

„Hey, Nicky, warte doch mal. Ich find es toll, dass du mir
hilfst."

„Schon okay. Erzähl es deinen Eltern und sag mir morgen in
der Schule Bescheid. Ich kann jetzt nicht länger sprechen.
Mein Freund Severin ist gerade gekommen. Ciao!"

„Bis morgen", sagte ich. Und stand mit dem Hörer in der
Hand da.

„Was starrst du denn so vor dich hin, Danny?", hörte ich die
Stimme meiner Mutter. „Was ist denn los?"

„Nichts, Mama. Nur ein bisschen schwindlig."

„Du bist ja ganz blass geworden." Mein Vater stand auf und
nahm mir den Telefonhörer aus der Hand. An der Schulter
führte er mich zum Sofa. „Komm, Danny, setz dich hin."

Mist! Ich hatte gelogen. Nun musste ich ihnen was vorspielen.

„Es geht schon wieder", sagte ich.

Mein Vater verschwand in der Küche. Ich hörte die Kühlschranktür zuklappen. Er kam mit einer Dose Isostar
zurück.

„Komm, trink das."

Ich ließ die Dose knacken und trank. Natürlich war ich zu
hastig. Das Zeug sprudelte über und lief mir in den Hals. Ich
hustete. Dann erzählte ich von Nicky und ihrem Onkel, der
eine Hundeschule hatte.

„Das hört sich nicht schlecht an", sagte meine Mutter.

„Wir geben ihm einfach den Hund", sagte mein Vater aufgeregt. „Umsonst. Er kriegt ihn geschenkt. Er kann ihn behalten."

„Das wäre wunderbar", sagte meine Mutter.

Ich hing auf dem Sofa und trank mein Isostar. Ich konnte nichts sagen. Mir fiel nichts ein. Ich mimte langsame Erholung.

Wie hätte ich meinen Eltern auch erklären können, dass ich eifersüchtig auf einen Jungen war, den ich nicht einmal kannte. Ich konnte es ja selber nicht verstehen. Severin hieß der Kerl!

In dieser Nacht trennte sich Ronni, der Sternenspringer, von seinem Copiloten Mgarr. Der Fakiraffe hatte Heimweh. Er wollte wieder zurück zu seinen drei Kakteen in der blauen Wüste des Planeten Kappa.

... Ronni landet direkt vor den Kakteen.
„Quäck", sagt Mgarr.
„Schon okay", sagt Ronni.
Der Fakiraffe springt aus dem Cockpit
in den heißen Sand. Rennt auf einen
Kaktus zu. Klettert mit affenartiger
Geschwindigkeit am dornigen Stamm hoch.
Setzt sich in die Astgabel. Pflückt eine
Kaktusfrucht.
Ronni kurbelt die Scheibe runter.
„Du hast es dir wirklich überlegt?"
Der Fakiraffe wirft die Frucht. Sie
landet auf dem Nebensitz.
„Quäck!", sagt er.
„Pass auf dich auf!", schreit Ronni. Kurbelt die Scheibe hoch. Winkt noch einmal.
Und gibt Gas ...

Ich musste heulen.

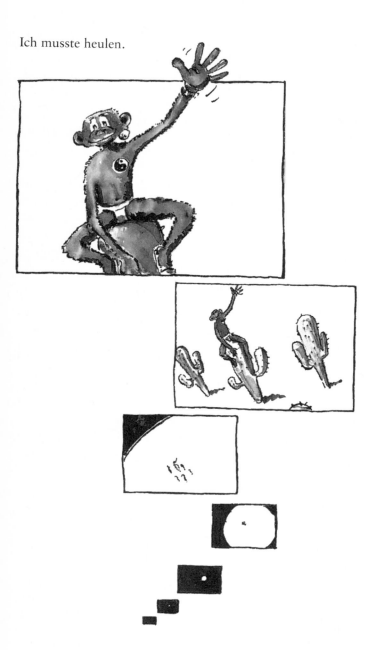

ONKEL MAX' HUNDESCHULE

Am nächsten Nachmittag fuhren wir mit Schröder bei Nicky vorbei. Nicky und ihr Opa standen schon vor dem Haus. Kurze Begrüßung. Nickys Opa sollte mit seinem Wagen vorfahren.

„Kommst du bei uns mit, Danny?", fragte Nicky.

„Nö, ich will bei Schröder bleiben."

Ich saß hinten. Schröder saß neben mir und guckte freundlich. Ich umschlang seinen Hals. „Schröder!", sagte ich. „Du dummer Hund." Schröder leckte mein Gesicht. „Hey, lass das."

Mein Vater fuhr hinter dem Auto von Nickys Opa her.

Felder. Eine Müllkippe. Möwen.

Onkel Max sah aus wie ein Bernhardiner im Overall. Ein Bernhardiner mit Walrossbart. Sein Gesicht lachte.

„Da kommt ja der Junge mit dem zu großen Hund", polterte er los, als wir die Gartentür öffneten. Seine Stimme klang

80

wie Bernhardinergebell. Mit ausgebreiteten Armen kam er uns entgegen.

Wir sagten Guten Tag und stellten uns vor.

Dann erzählte mein Vater kurz, was wir mit Schröder erlebt hatten. Dass er uns über den Kopf gewachsen war. Und wir nicht weiter wussten. Die Nachbarn. Und so weiter.

„Ihr Hund ist jung und gesund", lachte Onkel Max. „Lebenslustig."

Er zog eine klobige, schon gestopfte Pfeife aus einer Overalltasche und zündete sie an. Paffte. Blauer Rauch schwebte um seinen Kopf. Mein Vater starrte die Pfeife an.

„Aber wir können ihn nicht behalten", sagte er.

Onkel Max paffte ein paar Mal heftig. Dann stieß er eine mächtige Rauchwolke aus.

„Tja, weil Sie ihn nicht erzogen haben", knurrte er.

„Du lieber Himmel", sagte mein Vater. „Hoffentlich haben wir bei dem Jungen nichts falsch gemacht."

„Papa!", sagte ich und stieß ihn in die Seite.

„Ich mache Ihnen einen Vorschlag. Der Hund geht bei mir in die Schule und dann holen Sie ihn wieder ab."

Mein Vater wurde blass. „Nein", sagte er.

„Wir hatten eigentlich gedacht ...", fiel meine Mutter ein. „Wir wollten ihn Ihnen schenken."

„Aber junge Frau, so einen Hund verschenkt man doch nicht! Das ist ein Prachtexemplar. Ich sag Ihnen was: Sie geben mir fürs Erste fünfhundert Mark für das Futter, und dann überlegen Sie sich das noch mal in Ruhe. Wenn der Hund die Spielregeln kennt, sieht alles ganz anders aus."

Nicky nickte mir zu. Schröder wedelte und guckte freundlich.

„Aber wir ...", sagte mein Vater.

„Onkel Max bildet Suchhunde aus", sagte Nicky stolz.

„Ich brauche immer lebenslustige, vitale Hunde", sagte Onkel Max. „Am liebsten arbeite ich mit Promenadenmischungen. Die haben keine Staralüren."

„Da kennen Sie meinen Chef schlecht", murmelte mein Vater. Zückte seine Brieftasche. Drückte Onkel Max fünf Scheine in die Pfote. *500 Mark!*, las ich in seiner kummervollen Miene.

Schröder tobte mit einem schwarzen Hund. Sie spielten. Schröder warf ihn nieder. Der schwarze Hund ließ sich das nicht gefallen. Sprang auf. Warf Schröder um. Schröder hatte Spaß.

Onkel Max kam noch einmal auf sein Angebot zurück.

„Sie sehen sich den Hund in drei Monaten wieder an. Und wenn Sie ihn mir dann noch schenken wollen … Ich nehme ihn gern."

Wir verabschiedeten uns. Nicky und ihr Opa wollten noch bei Onkel Max bleiben.

„Kommst du mich morgen besuchen?", fragte Nicky.

„Mal sehn", sagte ich.

Wir fuhren nach Hause. Ich war froh, dass Schröder bei Onkel Max ein neues Zuhause gefunden hatte.

Aber

      wer

          war

              Severin?

... auf dem Planeten der Dunkelheit. Ronni mit Nachtsichtbrille. Schleicht durch die Finsternis. Umklammert sein Strahlenschwert. Irgendwo lauert er. Der Schwarze Mutant. Will Ronni auslöschen. Ihn mit dem Laser braten. Sirr! Ronni springt zur Seite. Da! Der Schwarze Mutant! Leuchtet giftgrün. Sein Laser spaltet den Felsen. Ronni taumelt. Greift an. Zosch! Der Schwarze Mutant verschmort ...

SEVERIN

Am nächsten Tag stand ich vor Nickys Tür und klingelte. Ich hörte Nickys Schritte und Gepolter. Die Tür ging auf. Nicky stand vor mir. „Hallo, Danny!"

„Hallo, Nicky."

Ein Windelrocker kam herangewackelt. Schob sich vor Nicky. Guckte mich an. „Heißt du?", fragte er.

„Ich heiß Danny."

„Rini", sagte der Kurze und streckte die Hand nach mir aus. Nicky grinste. „Komm rein!", sagte sie.

Wir gingen in ihr Kinderzimmer. Der Windelrocker wackelte vor uns her. „Das ist Severin", sagte Nicky. Severin?

„Hallo, Rini", sagte ich. Der Kleine blieb stehen. Stand starr. Seine Augen wurden glasig. Er fing an zu stinken.

„Rini Kacka mat hat", sagte er.

„Oh, nee, nicht schon wieder", stöhnte Nicky. „Mamaaa!"

Nickys Mutter kam ins Kinderzimmer. „Was schreist du denn so?"

Sie zog die Stirn kraus. Dann sah sie mich. Ihr Gesicht lachte.

„Oh! Hallo, Danny! Schön, dass du da bist. Nicky hat schon von dir und deinem Hund erzählt." Sie nahm Severin an der Hand.

„Wir gehn jetzt Windeln wechseln."

„Nein", sagte Rini.

„Und dann backen wir Kuchen."

„Ja", sagte Rini.

Nickys Mutter ging mit ihm hinaus. Das also war Severin. Aber wieso hatte Nicky gesagt, dass er ihr Freund ist?

„Ist das dein Bruder?"

„Nee", sagte Nicky. „Die Nachbarin stellt ihn manchmal bei uns ab. Er ist süß. Aber er kackt sich immer voll, wenn er bei uns ist. Kannst du laufen?"

Ich guckte auf meine Beine.

„Hast du doch gesehen."

„Ich mein auf Blades."

„Kannst du mir das zeigen?"

„Klar. Hast du welche?"

„Nee, aber ich krieg welche."

„Geburtstag?"

Ich schüttelte den Kopf. „Meine Eltern haben Schuldgefühle."

„Kenn ich von meiner Mutter." Nicky lachte.

Schon am nächsten Tag kaufte mir meine Mutter Rollerblades. Damit ich was hatte. Als Ersatz für Schröder. Wir brauchten nicht weit zu gehen. Im Supermarkt lagen sie in einer großen Verkaufskiste. Sonderangebot! Meine Größe war dabei.

Na ja, Nicky brachte mir das Laufen auf den Dingern bei. Im Park. Das war gar nicht so einfach. Ich war erst ziemlich wacklig auf den Rädern. Lief in Nicky hinein. Und wir fielen um. Das war schön.

Bald konnte ich besser laufen. Wir glitten zusammen über den Asphalt. Ich holte sie ein. Lief eine Kurve. Und voll auf Nicky drauf. Wir fielen um.

„Du Blödmann!"

Ein Rauhaardackel kam vorbei. Ein alter Mann an der Leine hinterher.

„Tag, Herr Schröder", rief ich.

„Hallo, Danny! Wo ist denn dein Hund?"

„Wir mussten ihn weggeben."

„Das kommt davon!", lachte Herr Schröder.

Flötend ging er mit seinem Dackel weiter.

Hier könnte ich mit meiner Geschichte aufhören.

Aber es gibt noch einiges zu erzählen.

RONNI UND GILDA

Schröder und Onkel Max verstanden sich prima. Auch mit den anderen Hunden kam Schröder bestens klar. Es machte ihm Spaß, von Onkel Max gescheucht zu werden. „Such! Such! Such!"
Schröder freute sich, wenn ich ihn besuchen kam. Er erkannte mich wieder. Sprang mich aber nicht mehr an. Kam näher und guckte freundlich.
Mein Vater war beeindruckt.
„Das ist Ihr Hund!", sagte Onkel Max stolz.
Mein Vater sprach gern mit Onkel Max. Er hatte sich eine neue Pfeife gekauft. Stopfte sie, zündete sie an und paffte, wenn er mit Onkel Max sprach. Ich glaube, meine Eltern überlegten, ob sie Schröder nicht wieder zurücknehmen sollten.
Manchmal fuhr ich mit Nickys Opa zu Onkel Max. Aber ob mit meinen Eltern oder mit dem Opa: Nicky war immer dabei.

Wir waren unzertrennlich. Wir machten alles zusammen.
Wenn wir Geld hatten, kauften wir uns Pommes. Machten
ein Picknick im Park. Mit einer Portion Pommes. Für zwei.
Saßen unter einem Baum auf dem Rasen. Und mampften.

Und ich erzählte Nicky von Ronni. Nicky war nicht Jonas. Und ich wollte, dass sie wusste, wo ich war.

... „Achtung! Achtung! Bodenstation an Ronni:

„Das ist Mascha", sagte ich. „Ronni hat sie noch nie gesehen. Aber sie sind Freunde. Sie funkt ihm immer gute Ratschläge. Aber erst kommt die offizielle Meldung."

... Die Smiraner haben einen Strafgleiter ausgerüstet. An Bord die drei besten Kämpfer des Planeten. Sie wollen Rache für die Befreiung des Fakiraffen nehmen. Und sie wollen den Fakiraffen zurück. Er ist zum Tode verurteilt, wegen Störung von intergalaktischen Festlichkeiten. Alarmstufe drei! Ende."

Ronni an Bodenstation: „Verstanden. Over."

„Jetzt kommt Mascha noch mal rein."

Knack. Mascha schaltet die Mithörzentrale ab: „Hallo, Ronni! Keine Panik! Die Smiraner sind noch dreiundachtzig Lichtminuten von dir entfernt. Ihr Overheul ist ausgefallen. Ständig muss ein Besatzungsmitglied Blockflöte spielen, damit die Maschine überhaupt läuft ..."

„Du kannst ja Mascha sein", sagte ich.

„Auf keinen Fall!" Nicky zog die Stirn kraus.

Irgendwie war sie wütend. Dachte nach.

„Ich bin Gilda", sagte sie dann. „Gilda, die Sternenspringerin!"

Gilda. Der Name gefiel mir.

„Aber ich hab kein Fahrzeug", sagte Gilda.

„Du kannst ja erst mal bei mir mitfliegen", sagte Ronni.

„Hat dein Gleiter Overheul?"

„Klar! Turbo mit Notaggregat!"

„Na gut!", sagte Gilda. „Dann komm ich mit! Aber erst mal müssen wir uns ja treffen."

... der Planet des Entsetzens. Winter und Sommer lösen sich stündlich ab. Ein Mädchen steht vor einer Gleitertanke. Sie trägt einen Adapteranzug. Es ist noch dreißig Minuten Sommer. Ein von Meteoriten zerbeulter Schnellgleiter landet vor der Tanke. Die Klappe geht auf. „Hi!", sagt Ronni. „Einmal voll tanken, bitte!"

Das Mädchen zeigt mit dem Daumen über die Schulter.

„Da kommt der Tankwart." Ronni zuckt zusammen.

Der Tankwart ist ein riesiger Android. Seine Batterie muss leck sein. Das Hassprogramm läuft auf Hochtouren. Neben ihm geht ein Korynther mit zusammengekniffenen Augen. Er hat eine abgerichtete Hyäne dabei.

„Schätze, die wollen deinen Flieger klauen", sagt das Mädchen im Adapter-

anzug. Ronni springt aus seiner Maschine.
„Braak!", schreit der Korynther. Die

Hyäne hat ihn fast erreicht. Ronni macht
zuerst den Androiden kampfunfähig, spürt
die Zähne schon fast im Fleisch. Da
bricht die Hyäne von einem dünnen Laser-
strahl getroffen zusammen.
„Guburuk", sagt das Mädchen und zielt
mit der Laserkanone auf den Korynther.
Der Korynther erstarrt.

„Wenn wir vor dem Winter noch los- wollen, musst du jetzt tanken", ruft das Mädchen Ronni zu. Ronni tankt voll. Zwei Minuten vor Win- tereinbruch startet Ronni seinen Welt- raumgleiter. Nach einer Minute und siebenundvierzig Sekunden liegt der Planet des Ent- setzens hinter ihnen. Ronni und Gilda gleiten ins All ...

So wurde meine Serie „Ronni, der Sternenspringer" eine Gemeinschaftsproduktion. Sie heißt jetzt (das sprechen wir immer zusammen): **Ronni und Gilda** (hier blenden wir Applaus ein), **die Sternen- springer** ...

Fortsetzung folgt ...

Ralf Thenior, 1945 in Bad Kudowa / Schlesien geboren, lebt heute in Dortmund. Er schreibt Bücher für Kinder, Jugendliche und Erwachsene. Im Ravensburger Buchverlag sind von ihm unter anderem die beiden Erstlesebücher „Miranda und der neue Teddy" und „Miranda und die Sache mit Hansi", das Kinderbuch „Schlossgespenst auf Reisen" sowie die beiden Jugendbücher „Die Fliegen des Beelzebub" und „Die Nacht der Sprayer" erschienen.

Hans-Jürgen Feldhaus wurde 1966 in Ahaus geboren. Nach einer Ausbildung zum Lithografen studierte er Grafik-Design und illustriert nun Kinderbücher. Für den Ravensburger Buchverlag hat er auch schon mehrfach gearbeitet. So hat er die beiden Sachbücher „Die Welt von Morgen" und „Das Kunstbuch" illustriert sowie das Erstlesebuch „Die Babysitter-Katastrophe".